FOKUS POKUS MAGIE

verliebt ins JETZT

noa straumann

IMPRESSUM

Bibliografische Information der Deutschen Nationalbibliothek:
Die Deutsche Nationalbibliothek verzeichnet diese Publikation in der Deutschen Nationalbibliografie; detaillierte bibliografische Daten sind im Internet über http://dnb.dnb.de abrufbar.

© 2017 Noa Straumann
Fotos: Noa Straumann
Herstellung und Verlag:
BoD - Books on Demand, Norderstedt
ISBN: 978-3-7431-1761-7

INHALT

stell dir vor – du bist eine magierin, die dinge empfängt, bewegt, kreiert, verändert und heilt, einfach durch dein hiersein. indem du in eine aufmerksame verbindung mit den kräften und erscheinungen der schöpfung trittst, wirst du zur mitgestalterin des lebens.

schon unsere vorfahrinnen wussten, dass an relevanz und kraft gewinnt, worauf wir unseren fokus richten. wo die aufmerksamkeit ist, dort ist auch die energie.
aus der position der ruhe und zentriertheit heraus wird die FOKUS POKUS MAGIE wirksam. das vertrauensvolle, wache „bei-dir-sein" entfacht die leuchtkraft deiner FOKUSSIERUNG auf das, was du in deiner realität zu sehen, zu spüren und zu leben wünscht. deswegen ernenne deine sehnsucht zur quelle deiner kraft, und dich selbst wieder und wieder zur magierin des herzens.

möglicherweise regen dich die hier gesammelten, ausgesuchten beispiele dazu an, eine eigene liebesgeschichte zu verfassen, was einfach ist – kleine episoden summieren sich schon bald zu einem herrlichen opus der freude.

ich wünsche dir viel vergnügen bei der entdeckungsreise zu deiner eigenen FOKUS POKUS MAGIE .

PERSÖNLICH

noa straumann ist diplomierte pädagogin, zertifizierte feng shui beraterin, emotrance masterpractitioner und hypnosetherapeutin, zudem ausgebildet in schamanismus, energetischen heilweisen und chirologie. sie tanzt, malt und schreibt gerne.

noa straumann inspiriert in ihrem "atelier für leichtigkeit" menschen, ihren eigenen wurzeln und flügeln wieder zu vertrauen.

www.noa.io

weitere bücher von noa straumann
- der mobilée-effekt
- kidz & quanten
- kürbis kürbis
- plötzlich medial

lieben was ist: UMARMUNGEN

weil sie wärme vermitteln und geborgenheit
weil du dich lebendig
verschenkend oder beschenkt fühlst
und erkennst
wie herrlich es ist
dies dank deines körpers tun
und empfinden zu können
und weil es soooo einfach ist
dass du es jederzeit wiederholen kannst
zum beispiel jetzt
umarme dein gegenüber oder dich selbst
zärtlich
aufmerksam
weich
wach und träumend zugleich

lieben was ist: DAS WORT „VIELLEICHT"

weil es so VIEL LEICHTes mit sich bringt
da ist noch nichts zementiert
betoniert
verankert
verschweisst
gelötet
gefesselt
verewigt
nein
da schwirren noch sämtliche möglichkeiten
und wahrscheinlichkeiten
froh und frei um uns herum
solche
die wir uns ausdenken können und solche
die es schaffen
uns zu überraschen
wie sollten wir das nicht geniessen

lieben was ist: MORGENTAU

die zaubertropfen des tagesbeginns
welche den zeitraum schmücken
in welchem die erde noch ihren eigenen
ursprünglichen
heiligen klang hören
und darin baden kann
und du die ruhe geschenkt bekommst
deinem atem zu lauschen
und den rhythmus deiner eigenen schritte zu finden

lieben was ist: STERNE

diese leuchtenden trabanten
die wir
mit in den nacken gelegtem kopf bestaunen
und dabei gelegentlich vergessen
dass unsere füsse
auch auf einem stern stehen
gehen
tanzen dürfen
und wir demnach sternenkinder sind

wie oft bewundern wir das strahlen anderer
und übersehen gleichzeitig unser eigenes leuchten

lieben was ist: SICH VERLIEBEN

sich mit haut und haar und jeder zelle
der kostbarkeit eines menschen
einer idee
eines momentes
oder eines projektes hingeben
dessen einzigartige schönheit erkennen
würdigen und fördern
zusammen glühen
leuchten und glitzern
bis in die hinterste ecke des universums
als ob es keine „nein's" gäbe

lieben was ist: ARGLOSIGKEIT

dieses glitzerklare
vorbehaltlose sprudeln im bachbett von zeit und raum
und darüber hinaus
diese federleichte offenheit
gegenüber allen begebenheiten
dieses unbeschwerte bewegen und tanzen
ohne jegliche altlasten oder befürchtungen
dieses freudvolle verströmen
und in-die-welt-hinaus-senden von talenten
dieses herzenssingen über das leben an sich
närrisch
vielleicht
oder das pure sein und leuchten deines wesens

lieben was ist: SICH NIEDERLASSEN

platz nehmen mitten in sich selbst
mitten im leben
mitten in trubel und ungereimtheiten
mitten in überraschungen und all dem schönen
das sich uns zeigen will
mitten in gedankenschauern
die ständig niedergehen
und diese einfach münden lassen
in den stillen see der ganzheit

lieben was ist: UNPERFEKT SEIN

weil es so befreiend ist und sich lebendig anfühlt
freundlich zu den bedürfnissen
des jeweiligen momentes ist
und zu dir selbst
weil es dich und deine umgebung atmen lässt
und allem spielraum gibt
anstatt es in konzepte hinein zu pressen
weil es dich ermächtigt
potenzielle möglichkeiten zu erlauschen
und diese willkommen zu heissen

unperfektheit ist der spiel- und entdeckermodus
den dein inneres kind liebt
und aus welchem kunstwerke
authentische begegnungen
und perlendes lachen entstehen

lieben was ist: SCHLAFEN

die köstlichste meditation überhaupt
sich einsinken zu lassen
in die weiteste aller welten und möglichkeiten
sich tragen zu lassen von kräften
die wir nicht einmal benennen
geschweige denn erfassen
dirigieren oder einschränken können

im schlaf gönnen wir unseren strukturen eine pause
und werden mühelos zu dem grenzenlosen wesen
das wir eigentlich sind

lieben was ist: SCHOKOLADE

welche in früheren zeiten als heiliges getränk galt
das den priestern und königen vorbehalten war
um diese zur erleuchtung zu führen

also fühle dich königlich
priesterlich und erleuchtet
wenn du den süssen genuss
zu deiner wonniglichen meditation machst

lieben was ist: WALD

denn so starke verwurzelungs-
aufrichte- und himmels-umarmungskräfte
können nicht ohne wirkung auf uns bleiben
ebensowenig wie das friedliche zusammenstehen
ungezählter individuen
welches einen atmenden
harmonischen gesamtorganismus ergibt

gesegnet wird
wer sich den aufenthalt in der grünen kathedrale gönnt

lieben was ist: ZUHÖREN

unverrückbar wie ein baum
verwurzelt im moment und in der zeitlosigkeit
die aufmerksamkeit
wie ein liebevoller mantel über allem ausgebreitet
was in dein gewahrsein tritt
ohne es zu beurteilen

einfach zuhören
damit heimatlose ansichten zur ruhe kommen können
anstatt weiterhin für irritation zu sorgen
welch eine wohltat
welch ein liebesdienst

lieben was ist: REGELBRECHERINNEN

diejenigen
die sich nicht in den schwanengesang des zerfalls
und des dramas einklinken
sondern unverdrossen frühlingsgrün bleiben
sich ihre eigene wirklichkeit bauen
glaubenssätze selbst zusammenbasteln
und deren spuren folgen
sich beständig erneuern
und mit anderen wahrscheinlichkeiten zu spielen wagen
als den gewohnten

diejenigen
die unterschiedliche socken tragen
ihre zöpfe fröhlich zwirbeln
zauberworte der liebe singen
und im kopfstand die welt betrachten
um auf neue ideen zu kommen

lieben was ist: SYMBOL-ARBEIT

ganz besonders
wenn diese sich aus der statik lösen kann
und ebenso fliessend werden darf
wie das leben selbst
möglicherweise bist du ein wandelndes
atmendes symbol für all das
was du heute wichtig
beitragend
inspirierend und befreiend findest

lieben was ist: SALBEN-RITUAL.

wann auch immer du deinen kostbaren körper salbst
mache dies zu einem fest-akt
füge in gedanken der salbe oder dem öl
deine dankbarkeit hinzu für all das schöne
sinnliche
liebevolle
geschmeidige und interessante
das du durch deinen körper erleben darfst
fühle
wie die essenz deines salben-rituals
jede deiner 100 billionen zellen erreicht
erfreut und stärkt

lieben was ist: UMKEHRUNGEN

so verrückte dinge
wie dass unsere träume uns unterstützen
anstatt dass wir für deren realisierung kämpfen müssen
wie krass wäre das denn
und wie leicht und freudvoll

hallo
ihr goldenen träume
legt los

lieben was ist: WELTENBAUM

dieses kraftvolle wesen in dir
mit unerschütterlichen wurzeln
die stets tiefer und tiefer
in die materie des urgrundes wachsen
und mit filigranem geäst
welches sich immer weiter und weiter
in die grenzenlosigkeit des geistigen raumes ausdehnt
um ihn zu erkunden
und neue spielwiesen zu entdecken
welche deines mitwirkens harren

lieben was ist: CHAOS

ein lebenssprühender pool an varianten
kraft und kreativität
welcher letztlich doch die ordnung in sich birgt
und uns mit seiner weisheit stets aufs neue verblüfft
lassen wir uns vom chaos-strudel willig in die tiefe reissen
trägt er uns von selbst wieder empor ins licht
hinein in ungeahnte erkenntnisse und wandlungen
welche uns die ordnung bisher vorenthalten hat

lieben was ist: ERNTEN

nicht bloss
was wir selbst bewusst gepflanzt
gehegt und begossen haben
manchmal auch
was uns als geschenk des universums zufällt
und das tut es tag für tag
denn jeder atemzug ist eine köstlichkeit
jeder freundliche blick ein geschenk
jede minute ein grosszügiges angebot
für unsere lebens-kreativität
und jeder schritt in dieser welt
ein abenteuer der hingabe

lieben was ist: UNGEWOHNTES

manche tage fühlen sich so ungewohnt an
dass es angebracht scheint
sie sorgsam zu ertasten
einem windhauch gleich
in sie hineinzugleiten
die passende melodie dazu auf zellebene zu erlauschen
bevor frau diesen tagen ein vorschnelles etikett verpasst
das ihnen nicht gerecht würde

lieben was ist: SICH AKTUALISIEREN

denn die landkarte des lebens
wird von moment zu moment neu gezeichnet
und du kannst beschliessen
dich geschmeidig
kraft - und freudvoll darin zurechtzufinden
deswegen stelle deine beiden füsse am morgen
bewusst in den neuen tag und beschliesse
dass ihr ein wunderbares team sein werdet
dieser heutige tag und du

lieben was ist: REGENTROPFEN

weil sie dich in den schlaf singen
auf blättern so schön glitzern
weil sie himmelsgaben und potenzielle schneeflocken sind
weil du im regen unbemerkt weinen kannst
weil sie dir einen guten grund liefern
bunte gummistiefel mit verrücktem muster zu kaufen
oder barfuss durch pfützen zu tanzen

lieben was ist: ANDERS SEIN

und dies nicht als makel zu empfinden
sondern als bereicherung
inspiration und erweiterung
herrlich
dass die welt an buntheit gewinnt

lieben was ist: REISSVERSCHLUSS

planst du ein neues projekt
ernenne den reissverschluss zu dessen paten
ist der anfang sorgfältig gemacht
verzahnt niemand sonst
mit vergleichbarer leichtigkeit und eleganz
zuvor getrenntes
zu einem geschmeidigen ganzen
jeder reissverschluss
den du tagsüber benutzt
(und da gibt es einige
an jeans
pullovern
taschen
rucksäcken und jacken)
kann zum kleinen kraft-ritual und vorbild
für den mühelosen verlauf deines projektes werden

lieben was ist: INTUITIVES TANZEN

ein tanz
zu welchem du nicht einmal musik benötigst
denn er beginnt damit
dass du in dich hinein lauscht
und den zarten bewegungsimpulsen
deines körpers zu folgen beginnst
sie fliessender und raumiger werden lässt
und zur mühelosen beobachterin
deines geschmeidigen körpers
und dessen tanzes wirst

lieben was ist: KINTSUKUROI

diese herz berührende
sorgfältige
ja andächtige kunst
verletzungen und deren potenzial anzuerkennen
indem zerbrochene gefässe
mit gold wieder zusammengeklebt werden
und aus scherben
nun noch etwas kostbareres entstehen darf
als es das zuvor schon gewesen ist

lieben was ist: BACKEN

du mischt dinge
die sich zuvor in diesem leben noch nie begegnet sind
und die sich doch als so freundlich erweisen
sich zu einem teig zusammenfügen zu lassen
die ofenhitze als transformationsprozess zu nutzen
und etwas wohlschmeckendes zu werden
und du denkst immer noch von dir
du habest keine alchemistischen fähigkeiten

lieben was ist: NOSTALGIE

diese leise wehmut
wenn etwas bezauberndes sich anschickt
zu verblassen
um in die nächste daseins-form überzugehen
und du es bloss noch
in deinem herz-sehnen bewahren kannst

lieben was ist: SICH FALLEN LASSEN

in die nächste jahreszeit
in die stille
in ein gefühl
in die arme des liebsten
durch alle schichten der erwartungen hindurch
in die fülle des nichts und alles
schwerkraft kann ganz leicht werden

lieben was ist: SCHWERKRAFT

wenn dich etwas bedrückt und belastet
dann lasse es sooooo schwer werden
dass es durch dich hindurch sinkt
und dich verlässt
tiefer und tiefer sinkt,
direkt hinein in die schwerkraft
wo es doch hingehört
und wo es dienlich ist

lieben was ist: ERINNERUNGEN

die so wach und lebendig
so bunt und aufregend bereit stehen
dass du jederzeit wieder in sie eintauchen kannst
und das gefühl hast
wieder dort zu sein
wo du sie einst gesammelt hast
schon genial
unser speicher
mit all seinen geschenken

lieben was ist: SCHREIBEN

einen liebesbrief vielleicht
oder ein schönes etikett für die frisch gekochte konfitüre
einen einkaufszettel oder gar ein buch
schreiben erschafft neue möglichkeitsräume
nährt träume
beschenkt und inspiriert menschen
verewigt (zumindest beinahe) kostbare erinnerungen
ist manifestation des zuvor flüchtigen
und pures lebenselixier
und es beginnt mit einem buchstaben
an den sich der nächste reiht
ganz einfach also

lieben was ist: KOMPLIMENTE

dieses aus tiefstem herzen anerkennen
dass dein gegenüber etwas bezauberndes
inspirierendes
liebevolles
kreatives
überraschendes
einfach in irgend einer art lebendiges
in deine gegenwärtigkeit bringt
und dich dadurch beschenkt
diese echten komplimente bestätigen
ermutigen und verstärken den flow des schönen

lieben was ist: FENG SHUI

die kunst
umgebung und gebäude
als energetische präsenzen wahrzunehmen
und freundschaftlich mit ihnen zu interagieren
wie lebendig dadurch selbst gemäuer wird
so lebendig,
dass du zu deinem daheim froh und dankbar
"leb wohl"
und "ich bin zurück" sagst
wenn du gehst
und dann wieder nach hause kommst

lieben was ist: BABUSCHKA

weil dieses spielzeug ein prinzip verdeutlicht
das uns allen zeigt,
dass wir geborgen sind
so wie alles geborgen ist
das kleine im grossen
das grosse im unendlichen
hülle um hülle umgibt uns
wir können bloss von der einen in die andere fallen
vom vertrauten ins überraschende
vom bekannten ins erweiterte
von einer dimension in die nächste

also
wovor sollten wir uns fürchten
wenn wir nicht verloren gehen können
sondern uns nur einfach ständig wandeln

lieben was ist: WÜNSCHE

nicht
weil sie unbedingt erfüllt werden müssten
sondern weil sie neue
originelle
liebenswürdige
unverschämte
lustige
verrückte
bunte
belebende
und konstruktive ideen in die welt setzen
die es vielleicht zuvor noch nicht gegeben hat

lieben was ist: SELBSTGESPRÄCHE.

ganz egal
wie komisch du dir dabei vorkommst
sprich mit dir selbst
rede dir gut zu
ermuntere dich
lobe dich
singe dir ein liebeslied vor
zähle alle deine talente freudig auf
schmunzle über deine vermeintlichen schwächen
erzähle dir schöne geschichten
und liebenswerte erinnerungen aus deinem leben
schwelge in fantastischen visionen
bestätige deine freundschaft zu dir selbst
und deinen entschluss
heil und frei zu sein

lieben was ist: TRANSPARENZ

dieses hindurchscheinen des wahrhaftigen
das alle masken
attribute
strategien
und faxen mühelos durchdringt
und die ursprüngliche kraft bezeugt
eine kraft
gewoben aus licht
und universellem ideenreichtum

lieben was ist: ZWISCHENRÄUME

die nur scheinbar unbedeutend und nutzlos sind
viel mehr schenken sie dir bewegungsfreiheit
atempausen
zeit
dich neu zu orientieren
durchblicke
einsichten
und wohltuende unbestimmtheit
zwischen stuhl und bank zu sitzen
braucht nicht unangenehm zu sein
sondern ist sicherlich der beginn des nächsten abenteuers

lieben was ist: NAMEN

deren wirkliche bedeutung und kraft sich erschliessen
wenn wir uns die musse nehmen
ihnen nachzuspüren
indem wir uns fragen
wonach würde mein name duften
welche farben und klänge hätte er
wo in meinem körper wäre er am liebsten zuhause
welches tun würde ihm wohlbehagen bereiten

lieben was ist: KITSCH

denn was täten wir ohne rosamunde pilcher
gartenzwerge und rosa kuschelschals
wir wären in ernsthafter gefahr
permanenter seriosität anheim zu fallen
und unser schmunzeln zu verlieren

lieben was ist: ABSCHIEDE

grade auch
weil sie wehmütig stimmen
denn was nicht kostbar gewesen ist
das vermisst mensch nicht
deswegen
wenn eine wundervolle zeit zu ende geht
vergiesse tränen
sei glücklich-traurig
und erfüllt von dankbarkeit
trage alle bilder
gerüche
begegnungen
seelenbewegungen in dir
und wende dich ebenso herzlich dem zu
das sich nun vor dir auszubreiten bereit macht

lieben was ist: FLIESSGEWÄSSER

wenn du für ein paar stunden an ihrem ufer sitzt
die füsse ins wasser
die augen ins glitzern der sonnen-reflexe getaucht
dann werden deine gedanken
konzepte
empfindungen
und möglichkeiten nach und nach
auch fliessend und glitzernd
und du selbst so leicht
frei
klar und wandlungsfähig
wie jeder kleinste wassertropfen

lieben was ist: GELASSENHEIT

indem dinge
muster
gewohnheiten
beziehungen oder informationen
die dir nicht mehr beitragen
dort belassen werden
wo sie sich befinden
in der vergangenheit
auf anderen ebenen
und in frequenzbereichen
welche die deinen nicht berühren

lieben was ist: FINGERSPITZEN

diese sensiblen antennen
die in der lage sind
feinste informationen aufzunehmen
und weiterzuleiten
an herz und kopf
fingerspitzen
diese feen-zauberstäbe
die mittels schmetterlingsleichter berührungen
heilung und harmonie in ein system bringen können
dank zärtlichkeits-magie

lieben was ist: NICHTS TUN

dieses zerbröckeln von müssen und wollen
dieses in-den-raum-hinein-atmen
einfach
weil der raum da ist und es liebt
geatmet zu werden
und sich dann selbst raumig zu fühlen beginnen
irgendwie undefiniert
flexibel und voller energie
energie in bereitschaft

lieben was ist: FRAGEN STELLEN

neugierig bleiben
davon ausgehend
dass alles in bewegung ist
und sich ständig verändern kann
glücklicherweise auch hin zum guten
fragen stellen
um möglichkeitsräume zu öffnen
und zu beleben
um den alltag zu einem herrlichen kaleidoskop
der kreativität werden zu lassen

lieben was ist: DIE WIRBELSÄULE

diese himmelsleiter
an welche du dich anlehnen
ruhig und friedlich das fliessen des liquors beobachten
und dessen urklang lauschen kannst
geschmeidigkeit und stabilität
sind beide in der wirbelsäule ebenso daheim
wie der unablässige informationsaustausch
zwischen himmel und erde
und dir

lieben was ist: SICH SELBST ÜBERRASCHEN

indem du dir einen neuen namen gibst
eine weile rückwärts gehst
dich in eine höhle aus decken verkriechst
dir eine abenteuergeschichte mit dir als heldin ausdenkst
so hoch
so tief oder verrückt singst
wie noch nie zuvor
dir einfach einen szenenwechsel gönnst

lieben was ist: DIE LIEBESVERSCHWÖRUNG

und die funktioniert folgendermassen
du gehst so durch die welt und betrachtest dies und das
allem
was dein herz zum hüpfen
leuchten
singen bringt
blinzelst du verschwörerisch zu
und flüsterst
„codewort liebe"

lieben was ist: EIN GROSSMAUL SEIN

indem frau den mund weit aufmacht
beim sich selbst und anderen zulächeln
freudvoll lachen
blauhimmelduft atmen
sonnenstrahlen schlucken
die eigene herzenswahrheit aussprechen
singen und jubeln
loben und segnen
und dem heutigen tag ermutigende geschichten erzählen

lieben was ist: STAUBSAUGEN

zum einen
weil staubsaugerklang als tragendes basisgeräusch
deine singstimme herrlich klingen lässt
zum anderen
weil der staubsauger nebst staub und schmutz
auch ein gut teil deiner verstaubten gedanken
und glaubenssätze gerne mit wegsaugt
wenn du es ihm erlaubst

lieben was ist: SONNTAGE

auch wenn sie sich nicht sonnig zeigen
sind sie doch kleine inseln der ruhe
und des wohlbehagens
des zusammenseins mit geliebten wesen
dem kuscheln in der eigenen seele
und zeit schenken sie uns
diese freundlichen sonntage
zeit
um einfach so dazusitzen und zu merken
wie es sich anfühlt
zufrieden oder sogar glücklich zu sein

lieben was ist: ABENDWOLKEN

weil sie nichtmehr ganz so seriös tun
wie die täglichen regenwolken
sondern sich frivol in rosa kleiden
sich beschwingt aufmachen zum tanz
und uns anstecken
mit ihrer leichtigkeit
und beschwingtheit

lieben was ist: EINFACHHEIT

zugegeben
da ist wenig von der dramatik
die wir so lieben
weil sie unser blut zum rauschen bringt
einfachheit schenkt und leichtigkeit
entspannung und klarheit
wenn wir uns
unter den wellengang der hektik sinken lassen
und einfach das nächstliegende sehen
sind oder tun
als ob es uns natürlicherweise zufiele
strömen wir friedvoll mit dem fluss des lebens mit

lieben was ist: ROSINENPICKERIN SEIN

was zu unrecht einen schlechten ruf hat
denn
um rosinenpickerin sein zu können
musst du kostbarkeiten erst einmal erkennen
und wertschätzen
was andere übersehen
fällt dir ins auge und ins herz
und du machst es dadurch wertvoll und einzigartig
versuche das mal mit dir selbst
sei du deine rosine

lieben was ist: WHALESONGS

diese mystisch anmutenden gesänge
mit denen wale rund um die welt
miteinander kommunizieren
auf dieselbe weise weben unsere herzen
einen klangteppich von liebe
schönheit und frieden
in alle moleküle von wasser
luft und erde
und rufen sehnsüchtig
gleichgestimmte verbündete herbei

lieben was ist: STILLE

welche ebenso wie die leere
kein nichts ist
sondern heiliger raum
voller kraft und noch ungeborener ideen

lieben was ist: DURCHLÄSSIGKEIT

sich und anderen erlauben
unterschiedliche aspekte durchscheinen zu lassen
von einem zustand in den nächsten zu wechseln
ohne das gestern und das heute zu vergleichen

lieben was ist: MORGENSONNE

einfach so dastehen
und sich beschenken lassen von ihrem erscheinen
selbst leuchtend und durchlässig werden
und alles harte
weich werden lassen
dass es von dannen schmelzen kann
als wäre es das natürlichste der welt
und ein kinderspiel

lieben was ist: MANTRA

„du bist gross und leicht und wunderschön"

beinhaltet:

du bist so gross
dass alles seinen platz findet in deiner gegenwärtigkeit
sogar wunder
du bist so leicht
dass alles in bewegung bleiben darf
und sich stetig erweitert
du bist so wunderschön
weil du du bist

lieben was ist: TÜRÖFFNERINNEN

menschen
die dich auf neue gedanken bringen
dir erweiterte möglichkeitsfelder öffnen
und dich ermutigen
die geöffnete türe auch zu durchschreiten
in ermangelung einer solchen person
empfiehlt es sich
selbst zu einer solchen zu werden

lieben was ist: DER ALTE WOLLPULLOVER

vielleicht schon secondhand gekauft
liebevoll geflickt
immer wieder
weit entfernt von perfekt
aber ein absolutes lieblingsstück
nicht zu überbieten an weichheit
kuscheligkeit und geborgenheit
da haben chanel
gucci und co nicht den hauch einer chance
auf deiner beliebtheitsskala

lieben was ist: MIT GESCHLOSSENE AUGEN

kritzeln und malen
so vom herzen her
eine meditation der eigenartigen art
überraschung garantiert
und entspannung desgleichen

lieben was ist: KUSCHELN

sich einen köstlichen moment lang
den rückzug in die komfortzone gönnen
und die welt
welt sein lassen
sich einmummeln in decken
schöne musik oder stille
in mandarinenduft
die freundliche fürsorge für sich selbst
und in die erlaubnis
vorübergehend
im universellen embryonalzustand zu verweilen

lieben was ist: WEITE

die herz und augen wohltuend schweifen lässt
bar jeglicher anspannung
die platz lässt für viele varianten
ansichten
und entwicklungen
die verheissungsvoll ist für entdeckerinnen
und weltenbummlerinnen
und die aufmunternd sagt
„geh' einfach los"

lieben was ist: HAND IN HAND GEHEN

mit sich selbst
mit jemand vertrautem
mit den kräften des universums
mit dem heutigen tag
schlendernd oder zielstrebig
grade so
wie es sich jetzt anbietet
sanft atmend
und freundschaftlich

lieben was ist: GESCHICHTEN UMSCHREIBEN

heute das sterntaler-märchen
in welchem die rollen neu verteilt werden könnten
indem du nicht mehr bloss das frierende kind
in der eisigen einöde bist
sondern auch der weite
nachtblaue
grosszügige himmel
welcher sternengold in hülle und fülle
auf dich hinunterrieseln lässt

lieben was ist: DAS LIEBES-ALPHABET

das du locker selbst erstellen kannst
indem du auf ein blatt papier
von oben nach unten
sämtliche buchstaben des alphabets aufschreibst
und zu jedem einen begriff suchst
für etwas
das dir lieb und teuer ist
hirntrainig mit gute-laune-faktor
also
a wie anfang
b wie begeisterung
c wie charme

lieben was ist: NIESSEN

weil es so dynamisch ist
quasi ein kleiner orgasmus im kopf
und weil es uns gelegenheit gibt
„gesundheit" zu sagen
je häufiger
desto besser
da ja der körper
derartigen aufforderungen nur zu gerne nachkommt

lieben was ist: VOLLMOND

dieses goldene tor zur anderswelt
welches du bloss auf den flügelschuhen deiner fantasie
oder auf dem einhorn deiner träume
zu durchschreiten imstande bist
falls du nicht einschlafen kannst
erzähle dir selbst die zauberhaftesten geschichten
von wundern
wandlungen
und friedvollen
runden
leuchtenden planeten

lieben was ist: POESIE

bildhafte botschaften
die jedes unterbewusstsein liebt und versteht
und sie nutzt
um türen zu schöpferischen räumen
und transparenten betrachtungsweisen aufzutun

lieben was ist: FEUERDRACHEN

eine gestalt
die aus deinen wut-anteilen geformt ist
und eine ungeheuer kreative
gestalterische
visionäre energie in sich trägt
die
wenn du sie anerkennst
ihrerseits dich auf ihren mächtigen
raumgreifenden schwingen
in eine kraftvolle zukunft trägt

lieben was ist: DIE IDEE

dass du deine seele nicht in dir trägst
sondern dass du dich vielmehr
permanent in ihrem heiligen raum bewegst
welcher grenzenlos
und dir liebevoll zugewendet ist

lieben was ist: DAS WUNDER

dass wir
und alles sichtbare
zu 99% aus energie
und zu 1% aus materie bestehen
und trotzdem
alles so stabil unverrückbar wirkt
meisterinnen des aufrechterhaltens bekannter muster
sind wir demnach allemal
jetzt könnten wir damit beginnen
etwas verrückter zu werden
und unseren kühnsten visionen
mehr platz einzuräumen

lieben was ist: FUSIONEN

welche nicht zwingend geschäftlicher natur sein müssen
du könntest auch einmal
dein herz und dein hirn fusionieren
oder himmel und erde sich umarmen lassen
deine verschiedenen persönlichkeitsanteile
gemütlich in eine hollywoodschaukel setzen
deine träume könnten sich
mit deinen chancen zusammentun
dein gestern und dein morgen würden es sicherlich lieben
in deinem heute zu fusionieren

lieben was ist: DIE FREIHEIT

zu atmen (tief und köstlich)
dich zu bewegen
(wohin und so schnell
wie es dir gerade behagt)
worte zu erfinden oder zu schweigen
zu denken
zu fühlen
zu tun
was frieden und freude bringt
und all dies im sichtbaren
oder unsichtbaren auszudrücken

lieben was ist: DAS UNBENENNBARE

das
was sich unserem drang nach einordnung entzieht
immer wieder schlupflöcher findet
um aus den erwartungen auszubrechen
und die freiheit zu finden
das
was aspekte in und um uns zu enthüllen
und zu beleben imstande ist
die wir uns niemals hätten ausdenken können

lieben was ist: BLUMEN

am liebsten solche mit wurzeln
solche
die sich im wind wiegen
und mit der sonne liebäugeln
mit ihrem duft allerhand geflatter
und menschen betören
und der welt zeigen
farbe zu bekennen
ist in der tat etwas beglückendes

lieben was ist: HAPPY ENDS

weil sie balsam für die seele sind
und herrlich entspannend
weil frau danach zufrieden ins bett sinken kann
im bewusstsein
dass es allen beteiligten wohl ergeht
und niemand irgendwen oder irgendwas retten muss
love allover

kleiner hinweis an die realität

nimm dir mal ein beispiel an diesen happy ends
so geht das

lieben was ist: EREMITAGE

alleine sein
gerade
weil wir mit allem existierenden verbunden sind
gerade
weil wir mit nachrichten
und informationen
aus aller welt (über)versorgt werden
gerade
weil wir uns unserer hilflosigkeit in vielen dingen
schmerzlich bewusst sind
ist das alleine-sein
das klar-halten unseres heiligen innenraumes
das bestätigen des resonanzfeldes der gleichwürdigkeit
und der gegenseitigen würdigung
ein wichtiger akt

lieben was ist: VERWÖHNEN

dich selbst oder ein anderes wesen
behandeln wie eine königin
mit freundlichen gedanken und blicken
gewidmeter zeit
mit wohlriechendem
oder delikat schmeckendem
mit weichheit
wärme und geborgenheit
mit einem königreich der ruhe
und heiterkeit

lieben was ist: GEWITTER

diese leidenschaftliche begegnung konträrer kräfte
die sich trauen
ihre authentizität vollumfänglich einzubringen
auch wenn es dabei funkt
blitzt und rumpelt
und die welt auseinanderzubrechen droht
aus dem chaos entstehen jedoch
frische und klarheit

lieben was ist: FUSSSOHLEN

unser geschmeidiges
spüriges wurzelwerk
das uns mit unserem planeten
und unserer tiefgründigkeit verbindet
uns schreiten
hüpfen
tanzen lässt
jeden schritt zu einem erlebnis
und uns zu aufrechten wesen macht
uns balance
standfestigkeit und beschwingtheit schenkt
und gerne auch mal gesalbt wird

lieben was ist: TAGEBUCH SCHREIBEN

deine ganz persönliche art des manifestierens
des künstlerischen gestaltens
des dialoges mit dir selbst
des klar-werdens
der dankbarkeit für das
was ist
des segnens dessen
was blühen und gedeihen soll

lieben was ist: FREUDE

diese leichtfüssige
freundliche begleiterin
die dich frei und wohlwollend werden lässt
und dafür nichts fordert
ausser dein mitleuchten
mitlächeln
mitatmen
dein kindliches eintauchen ins staunen
geniessen
und in die herzhüpfzeit

lieben was ist: FILIGRANES

diese unaufdringlichen
zarten
manchmal zerbrechlich wirkenden dinge
und begebenheiten
die keine macht im üblichen sinne auszuüben vermögen
ausser eben der macht des bezauberns
indem sie dich auf einer ebene berühren
die deinem inneren kind heimat ist

lieben was ist: TÜREN

wächter zwischen dem hier und dem dort
die räume erst signifikant
und grenzen deutlich machen
die geheimnisse schützen
und kostbarkeiten bewahren
die jedoch auch entscheidungen von dir fordern
inwiefern du bereit bist
vertrautes zu verlassen
und dich in neue gebiete hinein zu wagen

lieben was ist: DEIN KÖRPER

welcher ein wahres wunderding ist
einzigartiger ausdruck dafür
dass du
wie jedes wesen
auf deine ureigene art existierst
empfindest
realisierst und kreierst
jeder körper ist ein vollständiges universum
der weisheit und kraft
eigens dafür designt
das erdenleben in seiner gesamten vielfalt zu erfahren
und zu bereichern

lieben was ist: SICH FÜHREN LASSEN

auch wenn es nur darum geht
einige papierchen zu collagieren
eine speise zu würzen
einen garten anzulegen
deinen eigenen weg zu beschreiten
denn manchmal sind hände
dinge
innere bilder und umstände klüger
als jedes gedankliche konzept

lieben was ist: GRAS

so unspekakulär
so gar nicht VIP oder glamourös
und doch ein segen für die atmende welt
durch seine bereitwilligkeit
sich friedlich unter unsern füssen auszubreiten
wie ein herrlicher teppich
unsere augen zu beruhigen mit variantenreichem grün
die erde schützend zusammenzuhalten
und ein nährender grundakkord
für zahlreiche lebewesen zu sein

lieben was ist: LICHTBLICKE

kleine
freundliche gucklöcher
im grossen verwirrbild der realität
kleine ausschnitte des ganzen
welches wir in seiner komplexizität
(noch) nicht erfassen können
vielleicht bewährt es sich
dem lichten
leichten
warmherzigen zu folgen
um uns in zärtlichen universen wiederzufinden

lieben was ist: FREUNDINNEN

die uns wegbegleiterinnen
inspiratorinnen
ermutigerinnen
mitentdeckerinnen sind
wir finden sie überall
als zwei- und vierbeiner
geflügelt
bewurzelt
sicht- und unsichtbar
als frequenzen
ideen
klänge
farben
atmend oder auch nicht
winzig oder unendlich weit
schaue mit deinem herzen
und du wirst sie finden

lieben was ist: DAS MENSCHLICHE BECKEN

diesen paradiesgarten unserer vitalkräfte
und unseres instinktes
diesen schmelztiegel alchemistischer prozesse
dieses abbild des himmelsgewölbes
diese feuerschale unserer intensität
dieser ausgangs- und ankerpunkt unseres wirkens
ein kernkraftwerk im besten sinn des wortes

lieben was ist: DAS WEIBLICHE

die urkraft des empfangens
des hegens und nährens
der magie
der empfindsamkeit
dieses rundummitfühlen mit allem lebendigen
diese verbundenheit mit sämtlichen ebenen
welche als heilige
und heilende kostbarkeit wertgeschätzt
und geschützt werden muss
wenn unsere erde weiterhin gedeihen soll

lieben was ist: SAMEN

unscheinbare
braune
trockene winzlinge
denen auf den ersten blick
nichts grossartiges zuzutrauen ist
die sich jedoch weder von unserer ignoranz
noch von langen wartezeiten
in irgendwelchen dunklen behältnissen
von ihrer mission abbringen lassen
irgendwann
irgendwo zu dem zu erblühen
was sie als vollständiges bild schon immer im geheimen
in sich getragen haben

lieben was ist: DIE LEERE

die sich
sobald wir das etikett „mangel" von ihr entfernen
zu einem genialen möglichkeitsraum wandelt
denn da wo nichts vorinstalliert ist
gibt es ja richtig viel platz für traumwege
für kreativität
für fülle
für dich und dein erleben
und auch für überraschungen
jenseits deiner erwartungen

lieben was ist: SONNENSCHEIN

der uns weckt
durchströmt
küsst
bräunt
heilt
erwärmt
piepegal
ob unsere frisur oder unsere laune akzeptabel sind
sonnenschein ist dermassen immun
gegenüber menschlichen massstäben
dass er seine ganze energie ungeniert ins verströmen
anstatt ins unterscheiden investiert

lieben was ist: RITUALE

also jetzt nichts aufsehenerregendes
eher so die wiederkehrenden
genüsslichen gewohnheiten
die wie regelmässige muster
unseren alltag durchziehen
und diesen berechenbar
und vertrauenserweckend aussehen lassen
die morgendliche tasse kaffee
der wöchentliche putztag
das vorbereiten des frühlingsgartens
das geburtstagfeiern

lieben was ist: ROSA

die zärtlichste aller farben
um dich hineinzuschmiegen
zu träumen
um dich liebenswert zu fühlen
und dir zu erlauben
die rosa momente des lebens
in kindlicher reinheit zu geniessen
und dich zu fragen
wie es wäre
als herz eine rosa blüte zu haben

lieben was ist: BÄUME

mit welchen wir in freundschaft verbunden sind
sie zeigen uns geduldig
wie wir uns den erd- und himmelskräften hingeben
mit licht und schatten spielen
stürmen standhalten
und schutz bieten können
sie sind kraftwerke für energieaustausch
symbol für schönheit und mystik
sie bleiben verehrungswürdige individuen
auch wenn sie sich gleichzeitig bereitwillig
und harmonisch
in die lebenssinfonie einfügen

lieben was ist: WOLKEN

zarte
luftige gebilde
magische gestaltwandlerinnen
so leicht und frei
vom wind getragen
die welt umreisen
sichtbar
auch mit einem minimum an materie
meisterinnen des vergehens
und wieder entstehens
und dank ihrer durchlässigkeit
praktisch unverletzlich

lieben was ist: LANDSCHAFTEN

welche allesamt
die schöpferkraft unserer erde bezeugen
ohne kreativität
fantasie und liebe
könnte eine solch erstaunliche vielfalt an formen
farben
strukturen
materialien
und charakteristika nicht entstehen

wo wir gehen
fahren oder fliegen
enthüllt sich uns das gesamtkunstwerk erdoberfläche

lieben was ist: LIEBEN

lieben
was ist
ohne es kategorisieren zu müssen
welch eine erleichterung
es ist einfach da
will nicht eingeteilt
bewertet
verbessert oder verändert werden
du darfst es ansehen
ohne in wallung oder exstase zu geraten
es ist dein jetzt
bevor es vom gezeitenfluss weiter getragen wird

lieben was ist: PUTZEN

weil es als auch als eine heilige
heilende handlung empfunden werden kann
als umsorgen des gebietes
das einem anheim gegeben worden ist
als ordnung-schaffender akt
zumindest in einem kleinen teil einer welt
die so sehr der ordnung bedarf
als liebevolle zuwendung an menschen
und dinge
die einem am herzen liegen

lieben was ist: ROT

das so kraftvoll und mutig ist
und sich zu zeigen wagt in seiner leuchtenden potenz
dass mann unweigerlich an rennwagen denkt
und frau an hochhackige schuhe
und erdbeerlippenstift
rot
das uns so sehr entflammt
dass wir flamenco tanzen
uns kopfüber in den sonnuntergang stürzen möchten
oder in die liebe

lieben was ist: LEICHTIGKEIT

obwohl uns das nicht beigebracht worden ist
ganz im gegenteil
wir lernten viel eher
mit problemen zu ringen
mit schweren
ungeheuer wichtigen dingen
die uns seriös erscheinen lassen
ab heute könnten wir der leichtigkeit
etwas mehr platz einräumen
und dies als geschenk betrachten
für die welt
und für uns

lieben was ist: WURZELN

obwohl sie oft nicht sichtbar sind
dürfen wir auf sie vertrauen
ob klein und zart wie beim moos
tiefgreifend und kraftvoll wie bei alten bäumen
oder äonenweit wie die unserer seele
sie tun ausdauernd
und hingebungsvoll ihren dienst
verbinden das aufstrebende mit dem urgrund
lassen ihm nahrung zufliessen
und geben ihm halt
in einem fortwährend sich ausdehnenden universum

lieben was ist: FLUIDE SEIN

dieses mitfliessen
dieses geschmeidig sein
diese durchlässigkeit
und die erlaubnis
zur veränderung
erweiterung
mit der steten frage
was kann noch gutes entstehen

lieben was ist: DAS ABEND-RITUAL

welches darin bestehen könnte
eine kerze anzuzünden
und dich
der licht-
freud-
energie-
liebe-
achtungs-vollen momente
und begebenheiten des vergangenen tages zu erinnern
das gegebene und erhaltene wertzuschätzen
um danach
in der umarmung des ein- und ausatem des lebens
das hoheitsgebiet der nacht zu betreten

lieben was ist: BLAUE PAUSE

der zeitraum also
in welchem du nichts anderes zu tun hast
als in den blauen himmel zu schauen
dessen weite und klarheit zu bestaunen
und damit zu verschmelzen
die blaue pause hilft deiner blaupause
(deinem usrsprünglichen bauplan)
sich seiner kraft und weisheit zu erinnern

lieben was ist: TAGTRÄUMEN

weils leicht geht
wonniglich ist
und neue welten gebärt

lieben was ist: HORTENSIEN

so herrlich nostalgische
zartfarbene blümchenblumen
traumtänzerisch
märchenhaft
mit betörendem charme
dem frau sich nicht entziehen kann
und sich sogleich selbst
in seidene
duftende feenstoffe hüllen möchte

lieben was ist: HEIMKOMMEN

wie herrlich
dass wir immer wieder aufs neue heimkehren können
in überraschender oder vertrauter weise
dass unser zuhause sich
auf so vielfältigen ebenen zeigen kann
als gebäude
aber auch als beziehung
idee
frequenz
klang
duft
erinnerung
oder vision

lieben was ist: SCHATZKISTEN

solche
die voller nostalgischer erinnerungen sind
und auch jene
die träume künftiger ereignisse enthalten
beide mögen zarte fingespitzenberührungen
und liebevolle blicke

lieben was ist: SPIELEN

mit welpen
kindern und jungen katzen
mit möglichkeiten und unwahrscheinlichkeiten
spielen eben
um der bewegung willen
und um zu lachen
sich lebendig zu fühlen
und mit veränderungen zu jonglieren

lieben was ist: DAS „ABER"

weil es so gerne angeschaut
und in den arm genommen werden möchte
dieses kleine
schäbige ding
mitsamt seinen einwänden
einschränkungen und ängsten
wenn es sich wahrgenommen fühlt
wird es geschmeidig
weich und vertrauensvoll
und begleitet dich mutig
in neue abenteuer hinein

lieben was ist: UNSICHERHEIT

weil sie auch eine gute fee sein kann
die uns davor bewahrt
etwas oder jemanden
in eine unveränderliche form zu giessen
weil sie uns ermächtigt
zu fragen
ob es da noch etwas grösseres
weiteres
leichteres
wundervolleres geben könnte
als das
was wir bisher dachten
und weil sie uns ermutigt
neugierig zu bleiben

lieben was ist: MÄRCHEN

die uns herzensweisheit
und seelenraum schenken
indem sie uns zeigen
wie wir ebenen
und gestalt mit leichtigkeit wechseln
neue länder und fähigkeiten entdecken
verborgene türchen öffnen
wandlungen und überraschungen überleben
sodass wir wieder vertrauen fassen
in die inneren bilder
die wir vor lauter erwachsen-sein
völlig vergessen hatten

lieben was ist: PROBLEME

weil sie uns gesprächsstoff liefern
und den widerstand erzeugen
der uns spüren lässt
dass wir tatsächlich existieren
weil sie uns bedeutungsvoll erscheinen lassen
ernsthaft
seriös
realistisch
und die aufmerksamkeit anderer auf uns ziehen
weil wir es nicht anders gelernt haben
und dem vertrauten nicht entsagen möchten
weil sie uns aufgaben stellen
uns sinn und beschäftigung geben
in uns die hoffnung nähren
sie lösen zu können
und weil sie uns zu heldinnen machen

lieben was ist: DIE NACHT

wenn licht um licht erlischt
und wir uns von der materie entfernen
in richtung traum
in richtung unserer seele und deren botschaften
das sanfte dunkel
das uns den strukturen enthebt
und sie zugleich
neu zu ordnen imstande ist

HABE DANK FÜR DEIN HIER-SEIN
UND SEI VON HERZEN GEGRÜSST

NOA